MOUVEMENT DE LA POPULATION

DANS LE

PAYS D'ÉTANGS

de 1800 à 1896

AU POINT DE VUE DE L'HYGIÈNE

Par M. le Dr PASSERAT

BOURG

IMPRIMERIE DU « COURRIER DE L'AIN »

Fr. Allombert, propriétaire

1897

MOUVEMENT DE LA POPULATION

DANS LE

PAYS D'ÉTANGS

de 1800 à 1896

MOUVEMENT DE LA POPULATION

DANS LE

PAYS D'ÉTANGS

de 1800 à 1896

AU POINT DE VUE DE L'HYGIÈNE

Par M. le Dr PASSERAT

BOURG

IMPRIMERIE DU « COURRIER DE L'AIN »

Fr. Allombert, propriétaire

—

1897

Mouvement de la population dans le pays d'étangs

de 1800 à 1896

AU POINT DE VUE DE L'HYGIÈNE

Dans un travail anterieur paru en 1893 sur les étangs de la Dombes, au point de vue de l'hygiène, je suis arrivé aux conclusions suivantes :

1° Un étang bien construit n'est pas la cause de la fièvre. La source du paludisme n'est pas dans l'étang bien aménagé ; elle est à côté ;

2° Etant données la nature et la composition du sol de la Dombes, le mode de culture et le peu de densité de la population, les étangs sont indiquées dans la Dombes ; et leur établissement avait été un progrès immense dans la constitution du pays ;

3° Les étangs, bien loin d'être nuisibles, sont utiles et ne provoquent pas la dépopulation.

Pour le prouver, j'ai étudié, pour le pays d'étangs, les critériums de l'état sanitaire d'un pays, c'est-à-dire le mouvement de la population à des époques successives, l'excédent ou la diminution des naissances par rapport aux décès, la mortalité générale, l'âge moyen des décédés.

Comme je le disais, cette étude était d'autant plus instructive que des recherches antérieures ont déjà été faites dans cette direction avant le dessèchement des étangs, et qu'on peut les comparer avec les résultats observés dans les périodes qui ont suivi cette opération.

Le recensement de 1896 m'a permis de compléter mon

travail et de rechercher surtout quel avait été le mouvement de la population dombiste depuis le recensement de 1896, c'est-à-dire pendant une période où le dessèchement des étangs devrait avoir produit ses effets.

Voici les résultats auxquels je suis parvenu. Pour les mieux faire apprécier, après avoir rappelé la composition du pays d'étangs, et la division des années écoulées depuis 1800, j'opposerai ces résultats à ceux qu'on a observé depuis le commencement du siècle.

I

Composition des pays d'étangs

On a pris les 40 communes de l'arrondissement de Trévoux, constituant le pays d'étangs suivant un document administratif, mais on a eu soin d'éliminer : 1° les communes de cet arrondissement dont la plus grande partie comme territoire et comme population existe en dehors du plateau dombiste, c'est-à-dire les rivages ; 2° les petites villes de Chalamont, Châtillon-les-Dombes et Montluel, dont la mortalité est fortement augmentée par les décès des hôpitaux et dont la population est surtout urbaine.

Ces 40 communes ont été partagées en quatre sections suivant l'importance de leur surface pouvant être inondée.

La 1re section avait, en 1860,   en 1892
       36 % des surfaces en étangs.   25 %
La 2e section 24 %.   —   15 %
La 3e section 13 %.   —   8 %
La 4e section 6 °/°.   —   4 %

Les chiffres indiquant la proportion de surfaces inondées actuellement sont certainement supérieurs à la réalité. Ils ont été obtenus en ne tenant compte que des 6,000 hectares desséchés par la Compagnie des Dombes.

— 7 —

Or, beaucoup d'autres étangs ont disparu, grâce à l'initiative privée, et ne sont pas compris dans la statistique précédente.

Tableau A. — *Les 40 communes rurales de la Dombes, comprises dans l'arrondissement de Trévoux, classées d'après le rapport de leur surface en étangs à leur surface totale.*

SECTION A.

		Surface totale.	Proportion en 1860	Proportion en 1891	Surface desséchée
		Hectares			Hectares
1	La Peyrouse	2.004	41 %	34 %	137
2	Birieux	1.578	41	40	25
3	Saint-Marcel	1.164	39	17	260
4	Marlieux	1.685	37	26	183
5	Villars	2.465	34	27	137
6	Bouligneux	2.609	33	27	139
7	Saint-Paul	2.597	33	26	184
8	Saint-Nizier	2.496	33	17	404
9	Versailleux	1.913	32	22	182
10	St-André-de-Corcy	2.073	30	16	276

SECTION B

11	St-André-le-Panoux	928	28 %	20 %	68
12	Saint-Germain	1.610	28	27	95
13	Monthieux	1.075	26	21	51
14	Le Plantay	2.028	25	5	405
15	Cordieux	1.110	22	16	63
16	Joyeux	1.659	22	11	180
17	Le Montellier	1.537	22	12	150
18	Sainte-Olive	739	22	18	27
19	Sandrans	2.916	20	15	138
20	Condeissiat	2.163	18	10	155

Section C

	Surface totale.	Proportion en 1860	Proportion en 1891	Surface desséchée
	Hectares			Hectares
21 Saint-Jean	1.600	18 %	6 %	181
22 La Chapelle	1.355	14	4	127
23 Ambérieux	1.593	13	6	95
24 Châtenay	1.495	13	9	45
25 Saint-Trivier / 26 Relevant	5.429	13	11	107
27 Villeneuve	2.678	11	5	143
28 Mionnay	1.355	10	7	41
29 Savigneux	1.476	10	9	13
30 Civrieux	1.976	8	4	82

Section D

31 Romans	2.232	8 %	4 %	83
32 Chanoz	1.342	8	4	49
33 Faramans	1.122	7	5	21
34 Neuville	2.630	7	4	58
35 Rigneux	1.502	7	4	30
36 Sainte-Croix	1.062	7	4	»»
37 Saint-Georges	565	5	4	6
38 Tramoyes	1.293	5	3	9
39 Saint-Eloi	1.426	4	1	43
40 Rancé	953	3	2	7

2° *Division en périodes*

On a divisé les 96 années écoulées depuis le commencement du siècle en quatre périodes :

1re période. — « Pendant les 30 premières années du siècle, la Dombes est dans une complète immobilité. L'ère de progrès qui, pour la France, date de 1789, n'a commencé en Dombes que vers 1827-1828, par l'introduction d'amendements nouveaux et consécutivement de cultures nouvelles. »

2ᵉ période (1832-1842). — La loi de 1832 ouvre de nombreux chemins vicinaux. Ces voies nouvelles multiplient les rapports du dombiste avec les habitants des contrées voisines. Il apprend à construire des habitations plus saines, à se mieux nourrir, à se mieux vêtir, à substituer aux instruments et aux procédés si imparfaits de sa culture, des instruments et des procédés perfectionnés. L'instruction primaire, complètement négligée jusqu'alors, développe son intelligence.

Dans la 3ᵉ période (1843-1853), l'aisance commence à remplacer la misère. Une route de 1ʳᵉ classe amène une circulation continue au centre même du pays d'étangs. On crée une école régionale d'agriculture à la Saulsaie ; un réseau de chemins agricoles est en voie d'exécution. Le drainage s'introduit, des subventions, des prêts, les conseils et le concours gratuit d'agents spéciaux sont mis à la disposition des propriétaires. Le curage des cours d'eau est commencée, etc., etc.

Dans la 4ᵉ période (1853-1896), l'amélioration est encore plus sensible. Le dessèchement sous l'impulsion gouvernementale prend une grande extension. La loi sur la licitation des étangs est promulguée en 1856. La Compagnie des Dombes construit le chemin de fer de Bourg à Lyon avec l'engagement de dessécher 6,000 hectares d'étangs. En 1860, ce dessèchement est terminé ; et, depuis cette époque jusqu'à nos jours, on peut en constater le résultat.

Tableau B. — *Mouvement de la population dans 40 communes rurales de la Dombes, de 1800 à 1896.*

	1800	1820	1831	1836	1841	1846	1851	1856	1861	1866	1876	1891	1896
Section A	3.438	3.485	3.857	4.825	4.276	4.912	5.275	5.111	5.303	5.650	6.046	6.360	6.095
Section B	2.483	3.286	3.024	3.183	3.256	3.553	3.734	3.724	3.747	3.951	3.955	4.070	3.966
Section C	3.603	4.949	5.203	5.658	5.757	6.330	6.807	6.736	6.751	7.327	7.090	6.992	6.720
Section D	3.707	4.193	4.400	4.464	4.496	5.033	5.328	5.123	5.199	4.986	5.416	5.556	5.279
TOTAUX..	13.231	16.062	16.484	17.330	17.785	19.828	21.144	20.694	21.060	22.920	22.507	22.978	22.060

Accroissement en 31 ans : 3.253 habitants, soit 104 habitants par an.	Accroissement en 10 ans : 1301 habitants soit 130 habitants par an.	Accroissement en 10 ans : 3359 habitants soit 335 habitants par an.	Accroissement en 41 ans : 1831 habitants, soit 59 habitants par an.	Diminution en 5 ans: 852 habit. soit 170 habit. par an.

III

3º Mouvement de la population dans les communes du pays d'étangs de 1800 à 1896

Ainsi, comme je le disais, de 1800 à 1831 (31 ans), l'accroissement total de la population des 40 communes dombistes étudiées est de 3,253 habitants. L'augmentation, pendant cette période, est donc de 104 habitants par an en moyenne.

De 1831 à 1842, l'accroissement total est de 1,301 habitants, soit 130 habitants, par an, en moyenne.

De 1842 à 1852 (10 ans), l'accroissement est de 3,359 habitants, soit 335 habitants, par an, en moyenne.

De 1852 à 1891 (30 ans), l'augmentation est de 1801, soit 59, en moyenne, par an.

Mais en 1896, cinq ans après, le recensement n'accuse plus que 22,060 habitants dans ces 40 communes, c'est-à-dire on observe une diminution de 852 habitants.

Ces résultats permettent de faire des observations intéressantes.

Depuis le commencement du siècle, la population augmente constamment en Dombes jusqu'en 1891. De 13,230 habitants en 1800, elle est montée à 22,978 en 1891, soit une augmentation de 9,748 habitants en 91 ans.

Cette augmentation progressive ne s'est pas montrée seulement pendant ce siècle. En effet, d'après Expilly, on peut établir que la population des 40 communes dombistes était de 7,000 âmes environ en 1701, de 10,000 en 1792.

« Ce chiffre initial rapproché des 13,000, donné par le recensement de 1800, constate un accroissement de 6,000 environ pendant le cours du XVIIIe siècle (Docteur Marion). »

Pendant le siècle dernier, pendant la plus grande partie de ce siècle, les étangs n'ont donc pas amené la dépopulation de la Dombes.

Voilà ce que je disais en 1892 : après le recensement de 1896, on ne peut être aussi affirmatif.

Pour la première fois depuis le commencement du siècle, près de 50 ans après le dessèchement des étangs, c'est-à-dire après une période qui permet d'apprécier les résultats de ce grand travail, qui devait, disait-on, transformer la Dombes, la régénérer, l'enrichir, la peupler, pour la première fois, la population est en diminution, et, malheureusement, en forte diminution.

Les 40 communes rurales de la Dombes, constituant ce qu'on a l'habitude d'appeler le pays d'étangs, ont perdu, en 5 ans, 852 habitants ; autrement dit le 25e de la population a disparu, sans qu'il y ait eu la moindre épidémie, sans qu'il y ait eu une guerre, et, cependant, la natalité a été forte et la mortalité a été très faible, comme nous le verrons.

Si cette proportion restait la même pendant les dernières années du siècle, au prochain recensement, en 1901, la diminution de la population en Dombes, après le dessèchement des étangs, serait aussi forte que son augmentation était prononcée quand il y avait des étangs.

Si c'est là le résultat du grand travail qu'on a tant vanté, il faut avouer qu'il n'est pas brillant, et l'on comprend mieux, dès maintenant, les regrets des Dombistes indigènes quand on parle devant eux du temps passé.

Mais je vais plus loin : L'accroissement de la population dombiste est plus lent dans la période qui a suivi le dessèchement des étangs qu'auparavant.

On voit, en effet, que de 1800 à 1842, époque où la culture des étangs était en pleine floraison, l'augmentation annuelle a été de 111 habitants en moyenne, tandis que de 1851 à 1891, c'est-à-dire après le dessèchement, elle n'est que de 65 et que de 1891 à 1896, période où la transformation est accomplie, la perte annuelle est de 170 par an.

1800 à 1842, augmentation annuelle.... 111 habitants.
1851 à 1891, augmentation annuelle.... 65 —
1891 à 1896, diminution annuelle....... 170 —

Je me contente de signaler ce fait, sans en rechercher les causes, mais il me sera permis d'en tirer cette conclusion : Les étangs, au point de vue de l'accroissement de la population, n'ont pas une influence mauvaise ; ils ne peuvent être accusés de provoquer la dépopulation.

Si l'on recherche la proportion entre la surface inondée, d'une part, et l'accroissement ou la diminution de la population d'autre part, pendant et après le dessèchement des étangs, on arrive aux résultats suivants :

Tableau C. — *Rapport entre la surface en étangs et l'accroissement ou la diminution de la population.*

	1820	1851	Proportion annuelle	1861	1891	Proportion annuelle	1896	Proportion annuelle
	Habitants	Habitants		Habitants	Habitants		Habitants	
Section A...	3.634	5.275	+ 52,9	5.313	6.360	+ 34	6.095	—51
Section B...	3.286	3.734	+ 14,5	3.747	4.070	+ 10	3.966	—20
Section C...	4.949	6.807	+ 59,9	6.751	6.992	+ 7,8	6.720	—34
Section D...	4.193	5.328	+ 36,6	5.199	5.556	+ 11,5	5.279	—63

D'où il suit que, pendant la période des étangs, l'accroissement de la population a été trois fois plus considérable dans la section A qui a 36 % de sa surface en étangs que dans la section D qui n'en a que 6 %.

Que conclure ? C'est que si la présence des étangs dans la section A, où ils sont les plus nombreux et les plus étendus, n'a pas été, nous l'admettons, la cause de l'énorme accroissement observé, au moins elle n'y pas fait obstacle.

Après le recensement de 1896, on peut ajouter : la diminution de la population a été plus forte dans la section D, qui, cependant, ne contient presque plus d'étangs ; 63 habitants en moins par an, tandis que la section B, qui a encore 15 % de sa surface en étangs n'en perd que 20.

Si on compare l'accroissement de la population dombiste avec l'accroissement moyen de la France aux mêmes époques, on obtient le résultat suivant :

	Accroissement en Dombes	Accroissement en France
1800 à 1831	7,93 pour 1000	6,60 pour 1000
1832 à 1851	14,13	5
1851 à 1891	1,74	
1891 à 1896	Diminution 7,7	

L'accroissement relatif aurait donc été, jusqu'en 1851, plus considérable en Dombes que dans la France entière. Depuis cette époque, c'est-à-dire depuis qu'on a entrepris le dessèchement des étangs, l'augmentation relative s'est beaucoup ralentie, et maintenant la population est en baisse et en forte baisse.

Tableau D. — *Excédent ou diminution des naissances sur les décès dans les 40 communes à étangs de la Dombes.*

	1802 — 1812			1813 — 1822			1823 — 1832		
	Naissances	Décès	Excédent ou diminution	Naissances	Décès	Excédent ou diminution	Naissances	Décès	Excédent ou diminution
ction A	1.232	1.328	— 96	1.445	1.318	+ 127	1.515	1.411	+ 104
ction B	1.192	1.206	— 14	1.374	1.255	+ 119	1.199	1.120	+ 79
ction C	1.627	1.776	— 149	1 975	1.646	+ 329	2.017	1.937	+ 80
ction D	1.473	1.755	— 282	1.673	1.634	+ 39	1.708	1.721	— 13
	5.524	6.065	- 541	6.467	5.853	+ 614	6.439	6.189	+ 250
	— 541			+ 614			+ 250		

	1833 — 1842			1843 — 1852			1853 — 1872		
	Naissances	Décès	Excédent ou diminution	Naissances	Décès	Excédent ou diminution	Naissances	Décès	Excédent ou diminution
ction A	1.545	1.544	+ 1	1.746	1.511	+ 235	3.359	2.963	+ 396
ction B	1.246	1.195	+ 51	1.325	1.090	+ 235	2.360	2.036	+ 324
ction C	2.083	1.825	+ 258	2.179	1.672	+ 507	3.970	3 225	+ 745
ction D	1.729	1.512	+ 217	1.815	1.464	+ 351	3.218	2.741	+ 477
	6.603	6.076	+ 527	7 065	5.737	+ 1 328	12.907	10.965	+1.942
	+ 527			+ 1.328			+ 1.942		

Tableau D (suite). — *Excédent ou diminution des naissances sur les décès.*

	1873 — 1882			1883 — 1892			1891 — 1896		
	Naissances	Décès	Excédent ou diminution	Naissances	Décès	Excédent ou diminution	Naissances	Décès	Excédent ou diminution
Section A	1.736	1.085	+ 651	1.601	1.126	+ 475	698	595	+ 103
Section B	1.189	786	+ 403	1.014	614	+ 400	462	316	+ 146
Section C	1.818	1.435	+ 383	1.660	1 236	+ 424	796	591	+ 205
Section D	1.432	1.002	+ 430	1.387	1.039	+ 348	643	488	+ 155
Totaux...	6.175	4.808	+1.867	5.662	4.015	+1.647	2.599	1.990	+ 609
			+ 1.867			+ 1.647			+ 609

IV

Excédent des naissances sur les décès.

Les tableaux qui précèdent nous réservent quelques surprises.

« L'excédent des naissances sur les décès, de Fonsagrives, est la résultante de deux facteurs : le mouvement de la natalité et le chiffre de la mortalité. Lesquels peuvent influencer de telle façon, que avec une mortalité accrue, les naissances s'accroissant dans une proportion encore plus considérable, on ait une élévation de l'excédent. Il est donc la mesure de la fécondité d'une population, bien plutôt que celle de sa valeur Hygide. »

Quoi qu'il en soit, les résultats auxquels je suis parvenu, permettent encore des observations intéressantes.

A. — Dans la Dombes, le nombre des naissances a toujours augmenté, chaque année, depuis le commencement jusqu'au milieu du siècle.

Depuis, la natalité est en décroissance.

Dans la première période (1800-1831), les naissances suivent une progression régulière.

Dans la deuxième période (1831-1842), la progression continue.

Dans la troisième, elle atteint son apogée.

Mais dans la quatrième et surtout depuis 1891, le nombre des naissances diminue et revient presque à celui des premières années du siècle.

Je tiens à constater le fait. Je ne veux pas, je le répète, en déduire que la diminution des étangs a provoqué la diminution des naissances.

Mais puisque, ou moment ou les étangs étaient plus répandus, la natalité était progressive et qu'elle est en diminution, depuis leur disparition il me sera au moins permis de dire que les étangs ne provoquent pas la diminution des naissances.

B. — Depuis le commencement du siècle, à l'exception de la première décade, les naissances ont toujours été plus nombreuses que les décès.

L'infériorité des naissances, par rapport aux décès pendant les premières années du siècle, s'explique par les guerres du premier empire. Mais pendant les décades suivantes, l'excédent est successivement de 614. 250. 527. 1328. 615. 1327 et atteint son maximum de 1873 à 1882. De 1882 à 1891, il n'est plus que de 1647, et de 1891 à 1896, c'est-à-dire pendant une demie décade, il s'élève seulement à 609.

C. — Si l'on compare les quatre périodes, on voit que dans la première décade, l'augmentation des décès comparée aux naissances a été plus forte dans la section D que dans la section A ou les étangs couvraient 36 0/0 de la surface.

	EXCÉDENT des décès sur les naissances
1800–1812. Section A	96
Section B	14
Section C	146
Section D	282

Dans les décades suivantes, l'excédent des naissances sur les décès est encore plus fort pour la section couvertes d'étangs.

EXCÉDENT DES NAISSANCES SUR LES DÉCÈS

	1813—1822	1823—1832
Section A	127	104
Section B	119	79
Section C	329	80
Section D	39	12

J'insiste sur ce point, car pendant ces deux décades on ne parlait pas encore de dessèchement.

Dans les décades suivantes 1833 à 1862, l'augmentation des naissances est plus forte dans la section peu inondées.

Mais à partir de 1872, jusqu'à nos jours, l'excédent est plus fort dans les communes à étangs.

D. – L'examen des tableaux précédents permet encore de faire une autre observation relativement à la population dombiste.

Une population s'accroît de deux manières : 1° par l'excédent des naissances sur les décès; 2° par l'immigration.

Nous avons parlé de l'èxcédent des naissances. L'immigration se reconnaît, lorsque dans une période donnée, l'excédent des naissances ne correspond pas à l'accroissement de la population constaté par les recencements.

Or, dans les trois premières périodes, l'excédent des naissances est plus faible que l'accroissement de la population, tandis que dans la quatrième période, l'augmentation de la population est inférieure à l'excédent des naissances.

Que conclure ? Dans la première moitié du siècle, c'est-à-dire dans la période où les étangs couvraient une grande partie du sol, une *immigration* importante s'est produite en Dombes, tandis que dans la période, qui a suivi le dessèchement les dombiste ont *émigré*.

	Excédent des naissances	Accroissement ou diminution de la population
1re période....	323	+ 3.253
2e période....	527	+ 1.301
3e période....	1.328	+ 3.359
4e période....	5.456	+ 1.834
1891—1896....	609	— 852

Après le recensement de 1896, on peut ajouter : l'émigration des dombistes devient énorme. En 5 ans, en effet, 1.461 personnes ont abandonné les 40 communes observées, car au 852 manquant en mai 1896, il faut ajouter l'excédent des naissances sur les décès soit 609.

Ainsi 1,461 habitants sur 22.000 ont quitté la Dombes pendant ces cinq dernières années. Au moment où les bienfaits du dessèchement des étangs devraient se faire sentir, ce fait, rapproché de l'augmentation constante de la population dombiste quand les étangs existaient, devrait faire réfléchir.

V.

Mortalité générale dans le pays d'étangs.

La mortalité a pour expression et mesure le rapport entre les décédés et le nombre des vivants soit D/p.

Il n'est donc pas juste de dire, comme on le fait trop souvent, la mortalité d'une telle ville a été de tant de décès cette semaine. Un nombre absolu de décès est un nombre mortuaire ; il ne devient expression de la mortalité que par son rapport avec le nombre des vivants qui l'ont fourni dans un temps convenu.

Dans ce rapport D/p, D c'est-à-dire le nombre des décès est facilement connu avec une certaine précision ; sauf pour le premier âge, à cause des morts-nés, et pour l'âge mur à cause des transcriptions. Il n'en est pas de même pour l'autre terme. Mais l'expérience venant en aide au raisonnement, on est tombé d'accord pour reconnaître qu'il était suffisamment exprimé par le chiffre des personnes recensées un certain jour de l'année, plus la moitié annuelle des décédés. De sorte que la formule de la mortalité est $Dap \times 1/2 D$.

En partant de ces données voici les résultats que j'ai observés dans les 40 communes du pays d'étangs.

Tableau E. — *Décès dans le pays d'étangs de 1802 à 1891.*

	1802 à 1812	1823 à 1832	1833 à 1842	1843 à 1852	1853 à 1862	1863 à 1872	1873 à 1882	1883 à 1892	1891 à 1896
Section A	1.328	1.411	1.544	1.511	1.502	1.464	1.085	1.126	595
Section B	1.206	1.120	1.195	1.090	1.124	912	786	614	316
Section C	1.776	1.937	1.825	1.672	1.630	1 595	1.435	1.236	591
Section D	1.755	1.721	1.512	1.464	1.445	1.296	1.002	1.039	488
Totaux	6.065	6.189	6.076	5.737	5.701	5 264	4.308	4.015	1.990

Tableau F. — *Mortalité dans les 40 communes de la Dombes de 1802 à 1896.*

	1802 à 1812	1823 à 1832	1833 à 1842	1843 à 1852	1853 à 1862	1863 à 1872	1873 à 1882	1883 à 1892	1891 à 1896
Section A......	3.76	3.56	3.54	2.92	2.88	2.59	1.78	1.75	1.12
Section B.....	3.81	3.63	3.60	2.11	2.97	2.30	1.96	1.49	1.33
Section C.....	4.44	3.75	3.16	2.51	2.37	2.19	1.40	1.75	1.21
Section D.....	4.74	3.98	3.32	2.78	2.70	2.56	1.83	1.85	1.19

	Mortalité moyenne dans la 1ʳᵉ période	2ᵉ période moyenne	3ᵉ période moyenne	4ᵉ période moyenne				moyenne
	3.83	3.42	2.58	2.09				1.41

On voit que la mortalité dans le pays dombiste a baissé graduellement depuis le commencement du siècle : De 3.83 pour 100 habitants pendant les trente premières années, la mortalité est abaissée à 3.42 dans la deuxième période, à 2.56 pendant la troisième période, à 2.09 jusqu'en 1891 pour tomber à 1.21 pendant les cinq dernières années.

Si on compare la mortalité des quatre sections aux diverses périodes, on voit que dans la première période de 1800 à 1833, c'est-à-dire pendant qu'on ne parlait pas de déssèchement des étangs, la mortalité était plus forte dans la section D ayant 6 0/0 d'étangs que dans la section A qui en avait 36 0/0.

Dans les deux périodes suivantes, l'avantage est plus prononcée pour les sections C. et D.

Mais pendant la quatrième période, c'est-à-dire après le déssèchement des étangs la proportion est sensiblement la même.

Pendant les cinq dernières années, quand les effets du dessèchement devraient se faire sentir la mortalité la plus faible s'observe dans la section qui a encore le plus d'étangs.

VI

Age moyen des décédés.

Bien des procédés ont été employés pour apprécier la vie moyenne. Tous ont des défauts. Celui qui en présente peut-être le moins, consiste à diviser les âges des décédés par le nombre des décès. C'est celui que j'ai choisi.

Avant de faire connaître les résultats que j'ai obtenus, je dois faire quelques observations.

Le terme de vie moyenne est non seulement impropre, mais il est capable d'induire en erreur. Ceux qui ne sont pas initiés aux difficultés de la statistique, y trouvent trop souvent l'occasion de confusions regrettables.

Ce terme, en effet, ne représente pas la part de vie que peut espérer chaque nouveau-né de notre temps si l'on partageait entre toutes les naissances vivantes les chances de mortalité observées dans la période étudiée. Mais ce terme représente l'âge moyen des décédés, c'est dire le nombre d'années qui ferait la part de chacun des membres de la population de fait, si ce bien pouvait et devait tout à coup être également réparti entre tous. (Littré et Robin).

Il est donc avantageux de renoncer à cette locution et de la remplacer par celle d'âge moyen des décédés.

Pour obtenir cet âge moyen, on divise la somme des années que les décédés ont vécu par le nombre total de ces décédés. En d'autres termes, pour employer le langage arithmétique, l'âge moyen est le quotient d'une opération dont le dividende est la somme des âges vécus et le diviseur le nombre des décédés.

Ce quotient ne sera vraiment satisfaisant que dans le cas où la natalité se rapprochera sensiblement de la mortalité, et celui où la population sera pour ainsi dire immobilisée.

En effet, s'il y a excédent des naissances sur les décès, l'âge moyen baissera parce que, dans ce cas, il y a plus d'enfants qui fournissent plus de décès. Or, en Dombes, les naissances sont plus nombreuses que les décès : L'âge moyen doit donc y être, de ce chef, bien abaissé.

D'un autre côté, *l'immigration et l'émigration* ont une grande influence sur l'âge moyen des décédés. L'immigration, qui accroît une population, est généralement composée de personnes dans la force de l'âge. Or, ces personnes fournissent peu de décès par elles-mêmes, mais beaucoup de naissances.

De prime abord, on serait tenté de croire que, de ce

fait, l'âge moyen doit s'élever. Mais il n'en est rien, comme on peut s'en convaincre, en se rappelant l'excessive mortalité de l'enfance. En réalité, l'immigration abaisse sensiblement l'âge moyen, et cette vérité est si bien reconnue des auteurs, qu'ils posent en axiome cette assertion : un pays dont la moyenne est excessive est un pays dont la population baisse ; celui dont la moyenne est simplement forte est stationnaire.

Cette cause a dû influer sensiblement, et d'une manière défavorable, sur la statistique de la Dombes. En effet, jusqu'en 1852, il s'y est produit une forte *immigration*, tandis qu'il y a *émigration* depuis.

Pour connaître exactement l'âge moyen des décédés, il faudrait encore tenir compte des morts-nés et des transcriptions qui sont compris intégralement dans la somme des décédés.

Ce que j'ai dit suffit pour reconnaître la justesse de l'opinion de Fonsagrèves dans son traité d'hygiène : « La moyenne des âges vécus est une mesure infidèle de la prospérité physique d'une population », et celle de Bertillon, qui a fortement insisté sur sa faillibilité. (Congrès de Bordeaux 1866).

Malgré l'imperfection de cet élément de comparaison, j'ai voulu l'étudier dans le pays d'étangs ; mais, ne pouvant me procurer les renseignements nécessaires pour les communes étudiées, j'en ai choisi trois : deux parmi celles qui ont le plus d'étangs : Birieux et Lapeyrouse, et une qui n'en a presque plus : Saint-Eloi.

Je tiens à remercier les personnes qui se sont mis gracieusement à ma disposition et ont bien voulu me transmettre les notes intéressantes qu'elles ont puisées dans les registres de l'état civil de leurs communes et m'ont permis de faire des comparaisons intéressantes.

AGE MOYEN DES DÉCÉDÉS DANS TROIS COMMUNES
DE LA DOMBES

	Saint-Eloi	Birieux	Lapeyrouse
1800–1831	27.1	24.8	24.9
1832–1842	40.9	22.2	22.8
1843–1852	29.3	37.9	23.9
1853–1892	34.8	32.7	34.5
1891–1896	40	41.5	39.5

L'âge moyen des décédés est donc allé, dans les trois communes étudiées, en augmentant du commencement du siècle jusqu'à nos jours. De 25 ans en moyenne, il est monté à 34 en 1822 et à 40 en 1896.

Les partisans du dessèchement des étangs l'attribuent à la disposition des étangs. Je ne suis pas aussi exclusif; je crois que cette augmentation est plutôt indépendante du dessèchement. Voici mes raisons :

L'âge moyen des décédés a été, dans la commune de Saint-Eloi, de 40 ans, de 1831 à 1842, c'est-à-dire avant le dessèchement des étangs ; il s'est abaissé à 29.3 lorsqu'on en a parlé, pour remonter à 34 pendant la période suivante.

Cette augmentation est indépendante de la surface desséchée : Ainsi, à Saint-Eloi, on a desséché 43 hectares et à Lapeyrouse 137 ; or, l'âge moyen est actuellement sensiblement égal dans les deux communes.

Elle est aussi indépendante de la surface actuellement des étangs ; aussi Birieux, qui a encore 40 % de sa surface en étangs, et Lapeyrouse, qui en a 34 %, ont le même âge moyen que Saint-Eloi qui n'en a plus que 1 %.

Ainsi, en prenant pour base l'étude du mouvement de la population en Dombes depuis le commencement du siècle, on arrive aux résultats suivants :

La population du pays d'étangs a augmenté d'une manière continue depuis 1800 jusqu'en 1891. Depuis 1891, elle est en forte diminution.

Cet accroissement très considérable quand les étangs étaient nombreux a diminué dès qu'on a commencé le dessèchement des étangs et a fait place à une diminution de la population quand les étangs ont eu presque disparu.

L'accroissement de la population pendant la première moitié du siècle a été trois fois plus forte dans les communes possédant beaucoup d'étangs que dans les communes qui en avaient très peu.

La diminution de la population qui s'observe depuis la disparition des étangs est plus marquée dans les communes ayant peu d'étangs.

Le nombre des naissances, en Dombes, est allé en augmentant, depuis le commencement jusqu'au milieu du siècle. Depuis, la natalité est en décroissance.

Depuis le commencement du siècle, à l'exception de la première décade, les naissances dans le pays d'étangs ont été plus nombreuses que les décès.

L'excédent des naissances sur les décès est plus accentué dans les communes couvertes d'étangs que dans celles qui n'en ont presque plus.

Pendant la période où les étangs couvraient une grande étendue, il s'est produit en Dombes une forte *immigration*. Depuis le dessèchement on observe, au contraire, une *émigration* assez marquée. De 1891 à 1896, cette émigration est énorme.

La mortalité dans le pays dombiste a baissé graduellement, depuis le commencement du siècle, de 3,83 pour 100 pendant les trente premières années du siècle, la mortalité s'est abaissée à 2,09 en 1891, pour tomber à 1,21 en 1896.

L'âge moyen des décédés est allé en augmentant du commencement du siècle jusqu'à nos jours : de 25 ans en moyenne, il est monté à 34 en 1892 et à 40 en 1896.

Cette augmentation est indépendante de la surface desséchée; elle est aussi indépendante de la surface actuellement en étangs.

Ces résultats répondent, il me semble, victorieusement aux accusations portées contre la salubrité de notre pays et sont bien faits pour défendre le système des eaux si en faveur auprès de nos pères.

Dr PASSERAT.

Bourg, imprimerie du *Courrier de l'Ain*

www.ingramcontent.com/pod-product-compliance
Lightning Source LLC
Chambersburg PA
CBHW060721050426
42451CB00010B/1562